JN440241

제8회 김만중문학상
시 부문 수상 작품집

제8회 김만중문학상

시 부문 수상 작품집

군무, 새의 형용사

금상 ● 김학중

바다를 감춘 노도

은상 ● 조경섭

목차

제8회 김만중문학상 시 부문 금상

군무, 새의 형용사 外 6편

제8회
김만중문학상
시 부문 금상

• 김학중 •

– 군무, 새의 형용사 外 6편 –

군무, 새의 형용사
노을이 지붕인 집
공중의 등뼈, 굴뚝
배롱나무 독배
나무 독서
지문
나무에 걸린 달 소묘

군무, 새의 형용사

일렬횡대라는 말, 공중의 평면이 된다는 뜻
부력과 중력의 경계 사이를 철새 떼 납작하게 날아간다
바람의 끝에 침을 발라 궤적을 꾹꾹 눌러 그리면
겨울 하늘이 필흔으로 드러나고
절취선처럼 지평선이 부욱 찢어진다
그 좁은 틈을 비집고 새 떼가 쏟아져 나오는데
새 떼들이 서로 부딪히지 않는 건 날개의 한쪽은 N극
또 다른 한쪽은 S극이기 때문
가로로는 반발하고 세로로는 철석 들러붙는 밀당
자장(磁場)으로 소통하는 새들의 비행은 정교한 문장이다
공중에도 언덕과 비탈이 있어 우여곡절은 예견된 기승전결
기압골에 둥지를 튼 새들의 잠이 깊어지는 시간에도
새들은 날개를 접지 않는다
공중은 거대한 침대
도미노가 쓰러지듯 납작하게 허공에 눕는 새 떼
눈을 감고 잠을 자는 새는 바람이 시력이다

발이 시린 새들이 노을의 덧신을 신을 시간이면
등고선으로 그물을 짜 공중에 후릿그물을 치고
구름의 월척을 몰기 위해 일렬횡대로 대오를 이룬다
벗겨진 신짝 같은 노을이 능선에 뒹굴고
새 떼의 맨발이 다닥다닥 찍혀 있는 허공은 12폭 병풍
다 펼칠 수 없어 여백까지 넘나드는 새들에 대해
하늘은 오래 묵혀 두었던 묵정밭을 펼친다
새들이 일제히 내려와 산란하고 날아가면
묵정밭에 자욱이 안개가 끼고
줄탁(茁啄)인 듯 노란 부리들이 안개를 찢고
이소(離巢)를 시작한다

노을이 지붕인 집

갯골에서 건진 병을 쏟으니 수평선이 콸콸 쏟아졌다
물을 쪽 다 따라 버리니 드러나는 바다의 등골
바닥에 남아 있는 약간의 수평선에 꼼지락거리는 작은 게 발
바다가 다 빠져나간 빈 병 속에서 작은 게 한 마리가
파도를 죽은 듯 포란하고 있다

잔편의 뿌리로도 충분히 꿈을 꿀 수 있다는 건
몸통을 잘라 버리고 꼬리만 남긴 유배된 도마뱀의 이야긴 줄 알았는데
육신이 해풍에 다 닳아 뼈마디만 남은, 어쩌면
흐릿한 기억으로 여생을 견디고 있을지도 모르는
동백꽃잎이 담장인 낡은 슬레이트 지붕의 집

파도 소리를 오려 낸 창문으로 바다가 성큼성큼 들어왔다가

맨발에 묻은 비린내를 찌걱찌걱 온 방에 흘리고 나가도
아무도 모르는
폐타이어가 문패 대신 놓인 집에
밭은기침을 파도처럼 쿨럭쿨럭 쏟는 압화 한 송이가 피
어 있다
몇 년째 같은 달력만 걸려 있는 벽이 오히려 섬 같은,
하루 두 번씩 만유인력만 왔다 가며 노파의 안부를 기웃
거리는
붉은 마당이 바다의 통로인 노파의 집
침묵을 다 따라 버리면 그녀의 갯골이 훤히 드러날 것만
같다

보초를 서듯 수탉 한 마리가 봉당에 앉아 졸고 있다
해풍이 툭, 툭, 잠들지 마라 잠들지 마라 깨우지만
자꾸 감기는 눈꺼풀
천근만근 무거운 생을 동공에 담고 잠든 그녀의 삶을 대

신하듯
가끔씩 들리는 파도 소리가 곡(哭)으로 들리기도 하는
자연사와 자연산의 의미가 같은 꽃이 잠들어 있는 지붕
위로
노을이 뜨거운 입김을 훅훅 내쉬며 저물고 있다

공중의 등뼈, 굴뚝

바람의 괄약근처럼 내부가 텅 빈 듯 어둡다
공중의 배설구나 새의 무덤이 된 무인도
묘비명에는 등고선만 그려져 있다
어둠과 낮이 공존하는 백야의 지평선에 떠 있는 돛단배
한 척

허공의 손금인 굵은 생명선인 듯 허허롭다
구름의 전단지가 붙은 늙은 바람의 무덤이나
멸종된 새의 화석 같은 골격은 허공이 쏟아지는 폭포다
어떤 새는 날개가 지느러미로 진화되어 산란하기도 하
는데
온몸이 훈제가 되도록 기꺼이 연기의 일부가 된다

중력을 견디는 유선형의 육체에 대해서
심장이 길쭉한 갑각류에 대해서
코가 내장인 공중의 파수꾼에 대해

이젠 멸종 위기종이 된 굴뚝이란 종족의 자백

항간에는 새의 배후라는 설이 있는데
그건 허공이 길인 새처럼 내장이 텅 빈 솟대이기 때문
안개에 목이 잘리고 심장이 터지기도 하지만
허공에 꽂은 빨대로 번개를 빨아들이기도 한다

가끔 새가 탁란을 하기도 하는데
달에 핏줄이 보이는 건 알이 부화되면 달이 되기 때문
굴뚝에 각인된 달,
음계가 하나뿐인 검은 대금이 스스로 몸을 켜 연주한다
후렴인 듯 바람이 입피리를 불며 돌림노래를 읊조린다

배롱나무 독배

허공에 쓰는 붉은 유서, 꽃잎이 일필휘지 침잠하는 밤이다
한 방울 두 방울 고여서 자정이 되는 물길을 따라
꽃의 행간으로 회귀하는 연어 한 마리가 바람의 어도에
산란을 한다
뿌리가 어두운 것들은 붉은 체온을 삭히지 못해서
속내를 내려놓자마자 금방 죽는다는데
배롱나무는 앞과 뒤와 우듬지와 뿌리가 같은 자세,
전생과 후생이 이음동의어
꽃잎이 무게를 내려놓을 때는 바람도 가만히 숨죽이고
있다
공중에 납작 엎드린
부레의 포자로 날아다니는 꽃들의 의성어를 듣는다
빨강은 늘 노랑에게 진다는 속설을 듣고 자란 아이들은
노랑은 하양에게 지고 하양은 파랑, 파랑은
빨강에게 진다는 걸 깨닫기까지 얼마나 많은 초경과 몽
정을 앓았을까

먹이사슬의 최정점은 무색무취, 그 조용한 은둔자는 잇몸이 밋밋해서
온몸이 어금니인 배롱나무
가마우지처럼 혓바닥에 목줄을 걸고 꽃잎 한 장 삼키지 못하는 목젖에 대해
이렇게 쓴다
압정처럼 온몸을 돌아다니는 피톨들은 유고詩라고 쓴다
쉽게 덧나는 상처이기에 봉할수록 붉은 폭설이라고 쓴다
한 잎 한 잎 뻗는 신경마다 치사량의 향기가 있어
꽃은 피는 게 아니라 몸 안의 묵은 죽음들을
모두 밖으로 밀어내 말간 죽음이 새로 돋는 거라고, 쓴다
실핏줄을 터트려 엮은 붉은 통발을 치면
바닥부터 옮겨붙는 화염 속으로 뛰어드는 새들의 싸늘한 잠
부리 없는 새와 목젖 없는 개구리의 울음 같은
붉은 가래, 뜨겁다

꽃잎이 떨어지는 것은 나무가 밖으로 걸어 나오는 거

배롱나무 맨발등 위로 낙관이 타들어 가고 있다

나무 독서

책장을 넘기면 나무 한 그루가 바람에 스적이는 소리가
났다
페이지마다 나이테가 갈피에 서표처럼 끼워져 있다
목차도 없이 나무의 일생에 대해 읽어 나간다
개똥지빠귀 똥에 묻어온 씨앗 하나 흙을 덮고 잠을 자다가
흙 위에 흙을 덮었는데도 싹이 돋아났다
싹 위에 흙을 다시 덮어도 싹이 돋았다
딱딱한 지층을 뚫고 올라오는 싹
지구를 들어 올리는 불굴의 저력,
나무에게는 흙의 성품과 새의 체온이 그대로 배어 있었다
잎맥의 문장이 각기 다른 것은 그런 이유였다
직유나 은유도 없이 담백한 직설로
그늘을 한 올씩 엮어 나뭇가지에 그물을 짰다
몇 뭉치의 바람이 걸려들었고, 몇 장의 구름도 있었다
바람은 나무를 제본하는 끈이 됐고 구름은 백지가 되었다
무심코 그은 손목의 빗금 같은 햇살은 연필

침을 바르면 흑연 냄새가 났다
종이에 살짝 베인 손가락의 피 맛이 그랬다
나무는 앞에서도 뒤가 보이고 뒤가 앞이 되기도 하지만
그건 탄생과 죽음의 공존,
뿌리는 땅에 우듬지는 허공에 뿌리를 내린 진화된 나비
였다
눈이 퇴화된 대신에 후각이 예민한 나무
나무의 조상이 나비였다는 학설을 뒷받침해 주는 것은
낙엽의 문양이었다
낙엽이 떨어질 때의 궤적은 나비의 비행을 닮았고
나비의 더듬이가 진화되어 잎맥이 되었다는 비망록을 끝
으로
어느새 다다른 나무의 발문은
여백뿐이었다
그건 빈터가 아닌 공백으로 꽉 찬 나무의 광장
책을 덮으면 숲이 일제히 흔들리며 파랑이 쏟아졌다

지문

여러 개의 스프링으로 감겨 있는 우리 몸은 태엽이다
태엽은 풀리는 관성이 있고 스스로 감기는 법은 없다
암사마귀가 수사마귀의 허리를 감으면 수사마귀가 죽음을 풀 듯,
태엽은 먹이 사슬의 최정점, 그 소슬한 눈빛은
허공을 베고 바람을 가르고 가끔 지레 겁을 먹은 어떤 운명이
스스로 와 잘리기도 한다

굳은살은 태엽의 마디이다
움켜쥐었다가 빈손에 익숙해지면 어디 한 군데는 암팡지게 마련
온몸을 돌아다니다가 가장 젖은 부위에 정박하는 늪이다
스프링의 탄성 같은 늪의 바닥은 뫼비우스의 띠
과거를 오늘의 방정식으로 풀면 내일이 되는 이치
모든 바닥은 층이 있어 허공을 쓰윽 벤 자리는 단층을 이룬다

옥탑방 벽장에 누워 바람이 낸 단층을 한 겹 한 겹 벗기다 보면
옥탑방 옥상의 빨랫줄에 물방울무늬가 증발한 몸뻬 같은 달이 펄럭인다
갓 습지를 빠져나와 양수 묻은 달이 칼을 물고 있다

달이 칼을 물고 있을 때는 하늘도 운명을 맡긴다
미루나무 꼭대기에 둥지를 틀고 천둥을 부화시키는 올빼미의
붉은 발톱이 움켜쥐는 결대로 긁히는 허공은 한 폭의 판화디

요철(凹凸)로 점철된 질곡의 문양들이 각인되어 있는 곳
우리 몸은 풀리는 것보다 훨씬 더 많이 감겨져 있을 수도 있다

나무에 걸린 달 소묘

달은 굴수성(屈樹性), 가끔 나뭇가지 사이에서 달이 태어
나는 것을 볼 수 있다
달의 흥망성쇠에 조예 깊은 나무의 예견은 적중
달이 차면 기운다는 말은 달이 다 여물었다는 말
여물었다는 건 늙은 게 아닌 완숙하다는 말
마침맞게 뒤뚱거리는 달이 빈 우듬지를 툭툭 걷어차고
있다
그건 달의 산통이 시작되었다는 뜻
나무의 자정에 걸터앉아 달이 진통을 견디고 있다
달의 하루는 나무의 일 년 나무의 나이로 치면 달은 애송
이라서, 나무는
그늘을 꺾어서 우듬지를 밝히고 나이테를 태워 야윈 밑
둥치를 밝힌다
수명(樹明)이란 음력과 양력 사이의 간격, 달의 밝기라서
종이를 찢을 때 나무 한 그루 전율하는 소리 환하다
압정처럼 우듬지에 꽂힌 달의 단면은

한 폭의 우주, 한 결의 숨결
나무의 일부가 되려면 몸의 한 군데는 바람의 첨삭이 되어야 하는 법
세월도 오래되면 꽃을 피우듯 풍설과 천둥을 견뎌 낸 상처라야
뼛속까지 향기가 배는 법
숙성되어 부푸는 달의 발효
달이 나무를 경유하는 것은 나무의 방향으로 누워서
영겁 있는 가지를 잡고 산통을 견디는 중
달의 치어들이 어둠 밖으로 목을 내밀고 새벽을 두리번거리고 있다

제8회
김만중문학상
시 부문 은상

• 조경섭 •

– 바다를 감춘 노도 外 6편 –

바다를 감춘 노도
적소謫所의 밤
노도의 달빛을 줍다
벽련항에서
군불은 지피셨나요 – 노도에서
초옥
서포의 낮달

바다를 감춘 노도

그믐밤처럼 깊어진 가슴팍으로
엄동에 눈을 뜨는 동백의 긴 겨울을 가둔다

포박당한 삶의 급물살이 해무에 쌓여 있고
변방의 시간을 건너뛰려는
키 낮은 나무들이
난바다를 향해 팽창하는 중이다

물이 차오르는 속도보다 빠르게
서로의 체온을 나누어 갖는
톳 꼬시래기 감태 파래 미역 김 다시마 모자반은
어디로도 같이 포개질 수 없어, 하늘 언저리를 겉돌고
극지에 몰린 노도는 한뎃잠을 잤다

옹색한 꿈이 목젖에 달라붙어 마지막 위안마저 틀어막히고
삭제되는 생의 목록처럼

나는 깜깜하게 유폐幽閉되었다
빈 가슴 그리움에 몰두하듯 세상 밖을 향해
눈물 베어 먹던 순간을 차례차례 떠올린다

진눈깨비는 희뿌옇게 섬을 덮고
기다리던 어머니의 편지가 인편에 당도했다
찬 방바닥에 엎드려
잔기침으로 써 내려간 모정이 피딱지처럼 굳어 있다
왈칵왈칵 차가운 향기를 쏟아내던 동백꽃이
끙끙 앓는 소리를 낸다

꽃잎에 살 냄새가 엉기듯 구차한 죄를 둘러쓴 채
사나흘 찌푸린 하늘만 빈 마당에 머물렀다

이렇다 할 저항도 없이
적막 속을 잰걸음 쳐 노도 저편으로 펄럭이는 만장

저 뭍도 돌려 앉히고
아득한 생의 극점을 따라
바람보다 가볍게 하현달로 휘어졌다

적소謫所의 밤

그믐 칼바람이 뼛속을 파고든다
죽어야 끝나는 일이
땅의 끝단까지 밀려와
섬 깊숙이 없는 죄까지 밀어 넣었다
목구멍으로 차오르는 절망이
두 평의 방을 받쳐 들었다
뜨거운 목숨을 가진 죄로
바다 한가운데 쇠창살로 울을 치고
삶의 모든 경계를 틀어막혔다
북녘을 향해 흐린 귀를 세우면
억류하는 눈물이 마당 밖에서 삐걱거렸다
명치끝 아리도록 여윈 몸을 뒤척이면
견디다 못한 별도 하늘문을 닫고
툇마루에 내려오곤 했다
이곳에 누가 있어
병든 육신에 손 내밀어 줄 것이며

분상奔喪 하지 못한 어머니의 무덤에
술 한 잔이나마 올려 드릴 것인가
빈 하늘에 오금을 박듯
한 시대가 서포의 가슴에 핏빛으로 맺히고
아픔조차 힘이 되는
풀의 춤을 추고 있다

노도의 달빛을 줍다

울돌목 물소리가 뼛가루처럼 흩날렸다
태양도 해협을 넘지 못해 노을로 주저앉고
헐거운 몸이 그림자처럼 누워도
손잡아 일으켜 줄 그 누구도 없다
외로움이 날 세운 파도 소리에 잘려 나갈 때면
숨겨도 보이는 멍이 새파랗게 돋아났다
잔기침으로 몸을 추스르던 서포는
목이 꺾인 동백꽃을
아궁이에 밀어 넣고 차디찬 구들장을 데운다
물러설 곳 없는 생의 벼랑에서
저 바다를 멧부리로 세우고
고요마저 먹물로 갈아 글을 써 내려간다
행성이 되어 떠도는 섬들이
월식의 밤하늘을 좁혔다 넓혔다 한다
무덤덤한 꿈자리는 공복처럼 자라고
제 몸에 상처 하나씩 지닌

멸치 떼들로 섬 주변이 들썩거린다
섬은 낭만보다 차라리 고통에 가깝다
바다는 해류를 버텨 별까지의 거리를 재고
그리움은 빈 마루 끝에 달빛으로 쏟아진다

벽련항* 에서

이보게,
이 해협을 건너갈 수 있겠나
그믐이 되면 귓속에 물이 찬다는 저 달도
방파제에 주저앉아 빈속에 술을 털어 넣는 심정을
왜 모르겠는가
그리움을 접어 새처럼 날려 보내지 못한 날은
캄캄하게 몸을 비워 적막이 부풀었고
마른 목젖으로 짠물 배인 노을만 벌컥벌컥 들이켰지
엄숙한 침묵 같은 뜬눈의 밤마다
불씨 한 점 쥐고 햇솜처럼 피어오르는
어머니를 민날 때면
어둠 속 뭇별이 되어 박혔다네
때늦은 진눈깨비가
한양까지 발자국을 지우기라도 하면
한세상 붙들린 몸이 이정표도 없는 길을 게워냈어
이보게,

모두 떠난 폐가에도 봄이 오고
하늘 아래 혼자인 슬픔을 위무하듯 진달래도 피었겠지
코끝만 스쳐 놓은 멸치잡이 배의 불빛 너머로
멀리 한양 천 리를 바라봤어
집채만 한 파도로도 이 절망의 높이를 잴 수 있겠나
빈 가슴에 피 울음 몰아넣고
막막한 길을 걷고 걸어서 당도한 벽련항
세상 귀를 다 닫아걸어도 물결처럼 놓아주지 못하는
어머니의 목소리가 지신 밟듯 따라오고
눈부처도 다녀가지 않은 마늘 향기는
왜 눈물 나게 하는지
이보게,
섬으로 향한 바다는 상처뿐인데
어머니의 해진 무릎을 주저앉힌 힘으로
노도까지 건너야 한다면 이게 사람의 할 짓인가
죽음도 쉽사리 빠져나오지 못할 노도櫓島

들끓는 괴로움 속에서
서포의 가파른 생애는 저린 오금을 끌고
눈물에 가 닿은 슬픔이 파도로 출렁인다네

* 벽련항 : 노도를 마주한 작은 항구

군불은 지피셨나요

– 노도에서

수평선 너머로 펄럭이는 옷소매는 누구의 것인지
별의 어깨가 으슬으슬 추워 보이는 밤입니다
어머니!
너른 바다 위로 안개가 모락모락 피어오르면
아궁이에 매운 생솔가지 태우는 모습이 떠오릅니다
아무도 알지 못하고
사방이 낯선 막막한 섬에서
붙들고 있던 바다를 놓아주기로 했습니다
이런 날은 찬물 한 잔 들이켜고
별자리를 더듬듯 그리움을 짓누릅니다
먼 한양에서 고통받는 식솔을 생각하면
제 머리에 마른 풀씨가 돋을 때까지
쇳소리로 울어도 어찌 다 그 죄를 감당하리오
뼛속까지 파고드는 외딴섬의 칼바람은
당신께 꽃등 하나 걸어 주지 못하는 불효를 단죄하듯 합
니다

어머니!

아궁이에 군불은 지피셨나요

이역에서 퍼런 멍을 삼킨 창시에

밤늦도록 침묵을 밀어 넣는 일 말고 딱히 할 일이 없습니다

이쯤 해서 어머니를 가슴에 묻고

돌아갈 길 체념하니

서슬 푸르게 천둥 번개 치는 저 바다도 두렵지 않습니다

제 속에 들어앉은 근심을 다 비우니 뚜렷하게

어머니가 보입니다

이제 숨길 눈물도 없이

삼키지 못하는 밤이 이렇듯 무겁습니다

초옥*

걸어서 큰골 자리에 도착했다
바다에 닿아 하늘이 열리는
사람의 발길 없는 그 길에는
흐드러지게 풀꽃이 피어 있다
초옥으로 고개를 돌린 동백은
피를 쏟듯 통꽃으로 떨어졌다
여린 바람은 꽃 진자리에 머물고
가지 끝에서 새들이 울었다
또 다른 침묵이 오래 머물다 갔다
여닫지 않은 문고리는 녹슬고
바깥세상을 향해 달려가고픈
방 안의 적막이 앓는 듯하다
사를 불씨도 없는 아궁이에는
타다 만 장작개비가 세월을 붙잡고
뼛속까지 발기는 철저한 폐족에
빈터 에돈 생, 나락 같은 밤이다

지나온 세월보다 긴 기다림 속에
숨겨둔 그리움을 뱉어 내듯
달빛에 초옥이 홑겹 몸을 푼다

* 초옥 : 노도에 있는 서포의 거처

서포의 낮달

눅눅하고 차가운 방
천 리 타향의 섬에 갇힌 그는
가슴이 찢어질 듯 아파서
선달그믐의 마당을 밤새 돌고 돌았다
어떤 날은 하늘의 속살을 물어뜯듯
새까만 바다가 섬을 덮치고
짓다가 만 문장 사이로
귀면鬼面의 꽃들이 피어났다
이별의 아픔을 견뎌 내지 못하면
살아갈 수 없기에, 아니 살아 내지 못할 것 같아
명치끝 아리도록 가족을 그리워하며
물집 잡힌 발바닥으로 마당 구석구석을 밟아 대면
칼바람을 뚫고 새벽 여명이 붉게 타올랐다
그럴 때마다
'내가 아직 살아 있구나' 하는 생각에
북녘 고향을 향해 눈물을 닦고 또 닦았다

무슨 죄가 이렇듯 많아
몸만 야위어 가니
하늘도 그 모습에 버거웠을까
핼쑥한 낮달 하나를 마른 가지에 걸어 둔다

제8회
김만중문학상
시 부문 금상 소감

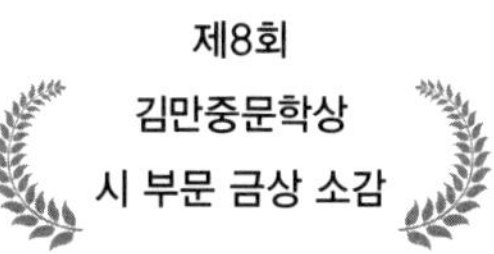

• 김학중 •

어떻게 시를 쓸 것인가, 다시 시작된 고뇌

어떻게 시를 쓸 것인가,
다시 시작된 고뇌

환청처럼 시냇물 소리가 들리는 날에는 손끝이 저리곤 했다. 달빛에 취한 듯 쭈뼛 선 손끝으로 조곤조곤 문장을 두드리는 나를 발견하곤 했다. 직유와 도치와 은유의 게슴츠레, 시가 태어나는 과정은 늘 이랬다. 새벽 세 시와 네 시의 행간을 낱낱이 들여다보다가 어두워지는 건 나였다. 상념은 늘 난간에 있었다. 난간의 끝은 도돌이표가 달린 풍경이 제 몸을 두드려 소리로 허기를 채우고, 바람이 제 이빨로 허벅지를 물어뜯으며 달빛을 등골에 새기는 분홍 바탕에 그린 분홍 꽃.

오늘은 완곡과 간곡이라는 말에 골몰해 본다. 내가 나를 서성여 보는 것, 풍경의 일부가 된 내가 검은빛에 서서히 물들다 지워지는 모습을 보고 싶었다. 그걸 간곡이라 치환한다면 완곡은 무엇일까. 간곡 뒤에 이어지는 동사의 원형처럼 우두커니 하고 싶은, 시의 한 문장은 이렇게 쓰였다. 도처에 있는 나는 아직 어둡고 날개가 검은 새가 하얀 부리로 포란하고 있는 것은 무엇일까.

매듭의 한 마디 한 마디 마음의 능선이 되어 주는 글뫼벗 문우들에게 감사드린다. 늘 잔잔한 감동인 가족들과 소소한 기쁨을 함께하고 싶다. 당진문협 회원들 그리고 한참 얕은 시심을 헤아려 주신 신달자, 신세훈, 이승하 심사위원님들께 감사드리며 남해유배문학관의 김만중문학상 운영위원회 관계자분들께도 감사드립니다.

김만중문학상이라는 엄숙한 견장에 대해 늘 진지한 시심이 되고자 또다시 내게 질문을 던지는 계기가 되었다. 어떻게 시를 쓸 것인가. 다시 시작된 고뇌. 내가 내게로 상처를 내는 시의 관철처럼….

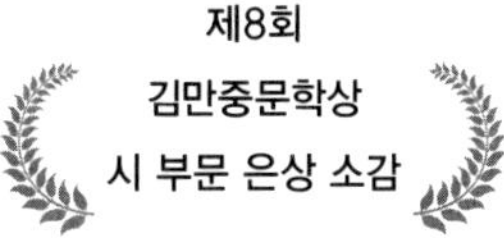

• 조경섭 •

내 게으른 상상력에 채찍을 가하며

내 게으른 상상력에 채찍을 가하며

어느 순간부터 바다에 대한 그리움이 몰려올 때마다 남원, 구례, 하동을 지나 남해대교를 넘곤 하였다. 독특한 지형과 수려한 해변은 이곳만 한 장소가 없다. 가천다랭이마을을 비롯하여 보리암과 상주은모래해변은 그 어디에서도 볼 수 없는 절경이다.

몇 해 전, 읍내 초입에 웅장한 모습의 남해유배문학관을 방문하던 중 '김만중문학상'에 대한 도전의 꿈을 안고 남해 구석구석을 돌아보았다. 7편 전편을 서포의 문학정신과 그 어머니를 기리며 발품을 팔아 쓴 시가 수상하게 되어 더욱 기쁘다. 내 글이 서포 김만중 선생의 숭고한 작품 세계에 누가 없기를 바라는 마음 간절하다.

『구운몽』의 가장 큰 주제는 '욕망의 덧없음'이다. 유배 생활 중에 서포 선생께서 홀로 계신 어머니를 위로하기 위하여 지은 한글 소설로 주제와 사상의 다양성, 그리고 무엇보다 꿈과 현실을 넘나들며 우리말의 우수성을 드러냄은 세기를 앞서 탁월하다.

나에게 있어 시는 경외의 대상이자 같이 가야 할 동반자다. 가까이 다가가면 더 멀어지는 이 막막한 글쓰기가 즐겁고도 버거운 작업이지만 더욱 힘을 내기 위해 내 게으른 상상력에 채찍을 가해 본다.

부족한 작품에 향기로운 방점을 찍어 주신 심사위원님들께 감사드립니다.

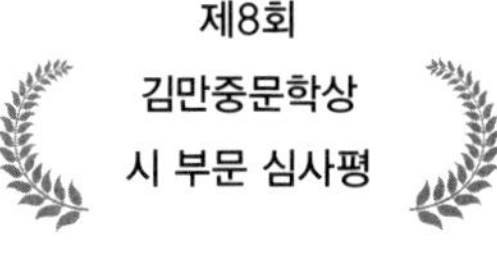

• 심사위원 : 신달자, 신세훈, 이승하 •

냉혹함과 따뜻함의 조화, 시적 흥과 슬픔의 배치

냉혹함과 따뜻함의 조화,
시적 흥과 슬픔의 배치

본심에 오른 시편들은 모두 격조 높고 무겁고 깊었다. 누구 하나 놓치고 싶지 않은 작품들로 가득했다. 심사위원으론 고민이 깊었지만, 우리는 금상에 「군무, 새의 형용사」, 은상에 「바다를 감춘 노도」로 정했다.

「군무, 새의 형용사」는 착상과 표현이 놀라울 정도로 확실하고 정겹고 통찰력이 있었다. 냉혹하면서 따뜻했다. 그리고 「바다를 감춘 노도」는 시적 흥과 슬픔이 잘 배치되어 있어 시 안으로 끌려가고 느낌도 좋았다.

아쉬운 것은 시조 「적소에서의 편지」와 정갈한 시 「잔받

침」이 내내 마음을 울린다. 다음 기회에 더 좋은 시로 만났으면 한다. 축하드린다.

심사위원 : 신달자, 신세훈, 이승하

제8회 김만중문학상 시 부문 수상작품집

금상 · 군무, 새의 형용사 外 6편
은상 · 바다를 감춘 노도 外 6편

초판 1쇄 인쇄일 2017년 12월 18일
초판 1쇄 발행일 2017년 12월 20일

지은이 김학중 · 조경섭
저작권자 남해군 · 김만중문학상운영위원회
펴낸이 양옥매
디자인 표지혜
교 정 조준경

펴낸곳 도서출판 책과나무
출판등록 제2012-000376
주소 서울특별시 마포구 방울내로 79 이노빌딩 302호
대표전화 02.372.1537 **팩스** 02.372.1538
이메일 booknamu2007@naver.com
홈페이지 www.booknamu.com

ISBN 979-11-5776-510-2(03810)

이 도서의 국립중앙도서관 출판시도서목록(CIP)은 서지정보유통지원 시스템
홈페이지(http://seoji.nl.go.kr)와 국가자료공동목록시스템
(http://www.nl.go.kr/kolisnet)에서 이용하실 수 있습니다.
(CIP제어번호 : CIP2017033965)